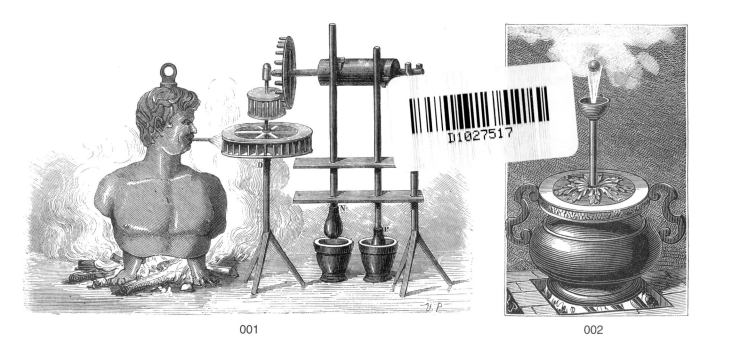

001

002

003

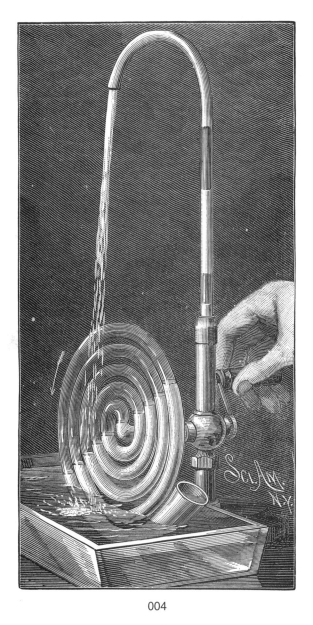

004

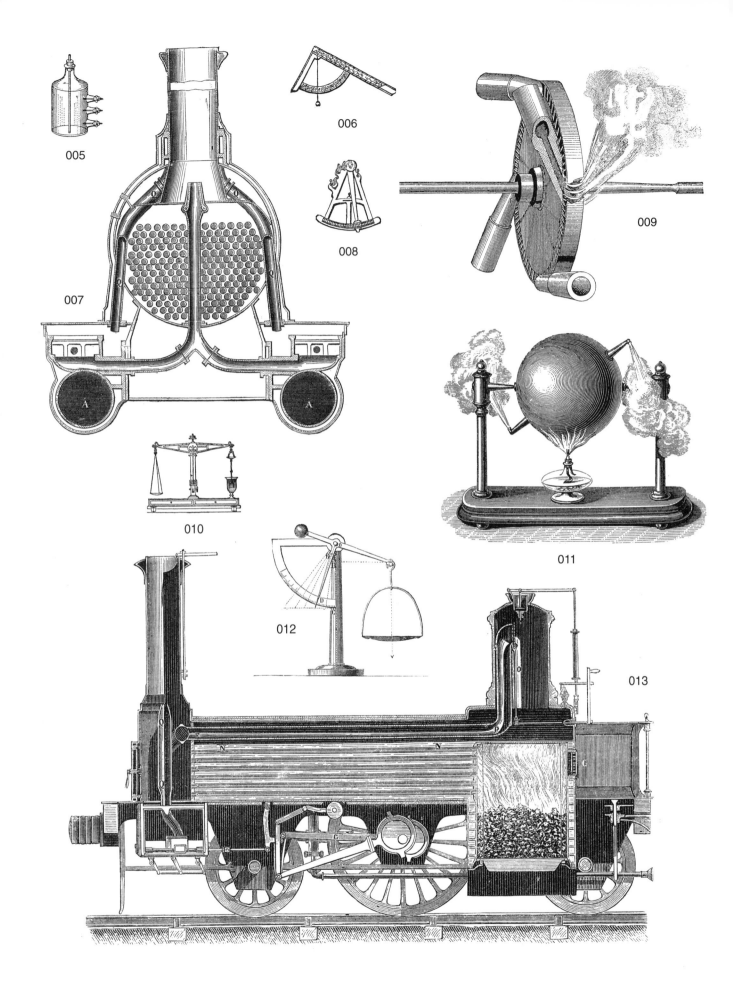

005

006

008

007

009

010

011

012

013

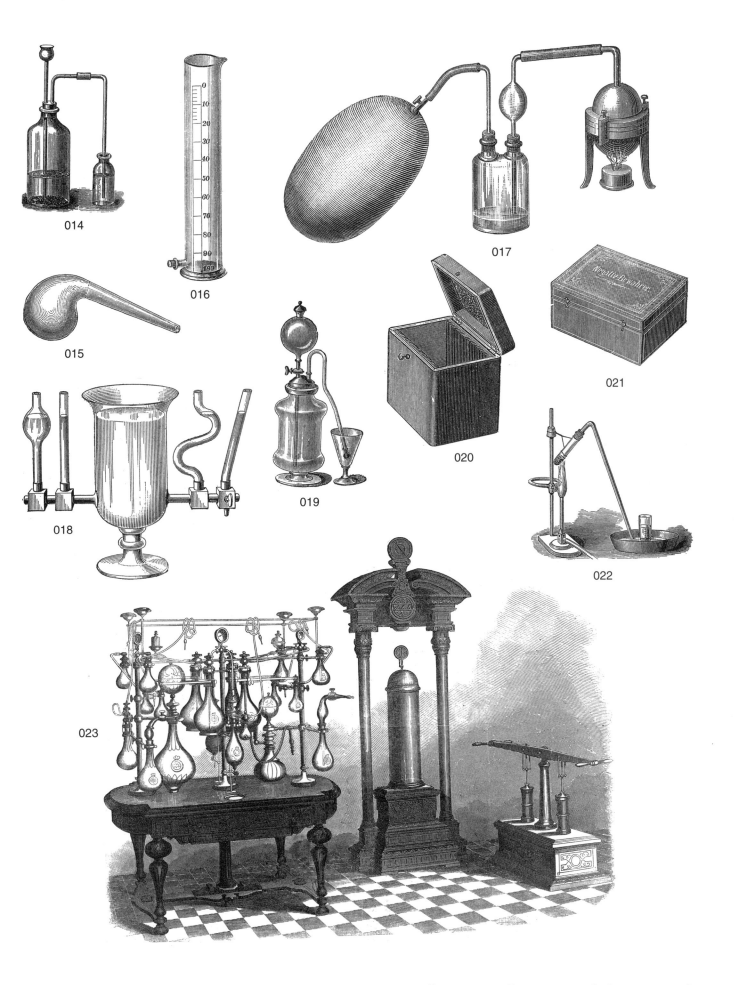

014

016

015

017

019

020

021

022

018

023

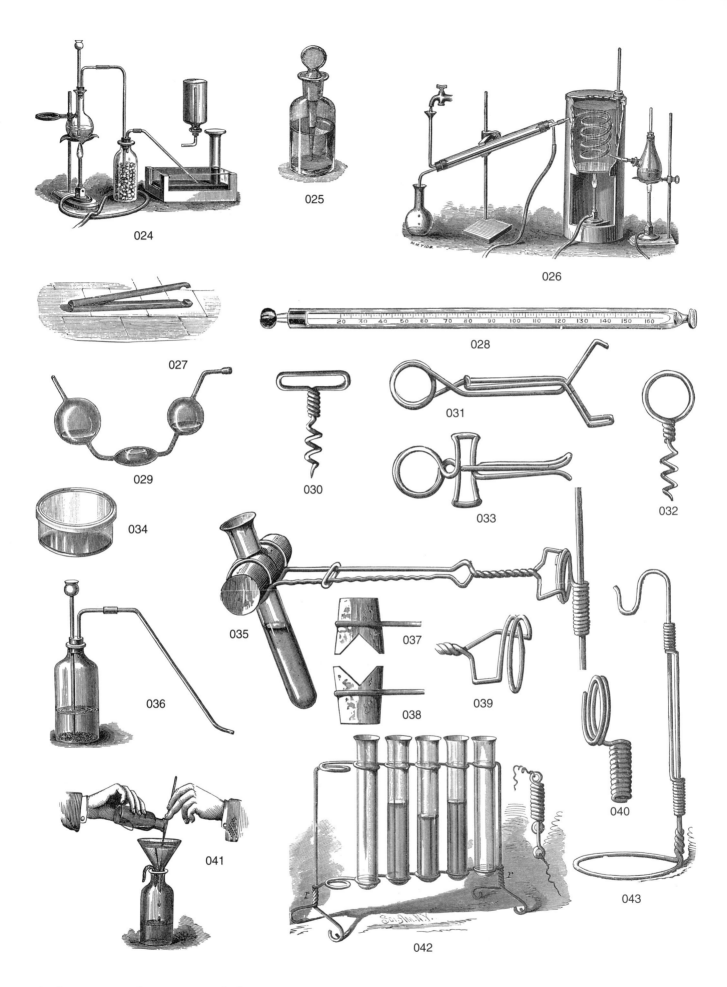

024

025

026

027

028

029

030

031

032

033

034

035

036

037

038

039

040

041

042

043

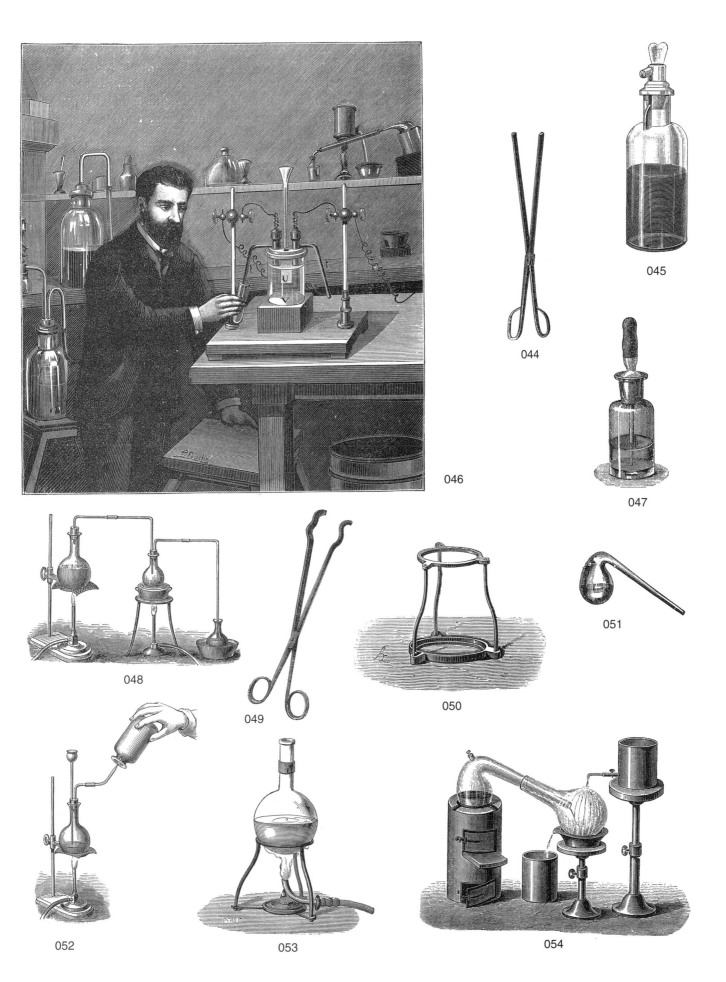

044

045

046

047

048

049

050

051

052

053

054

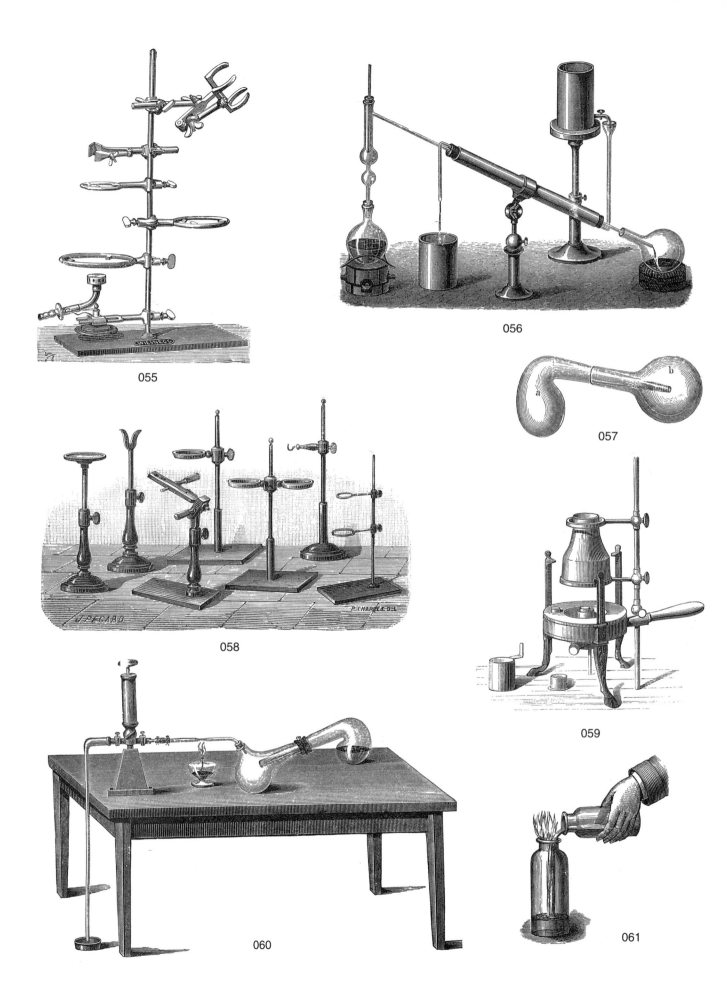

055

056

057

058

059

060

061

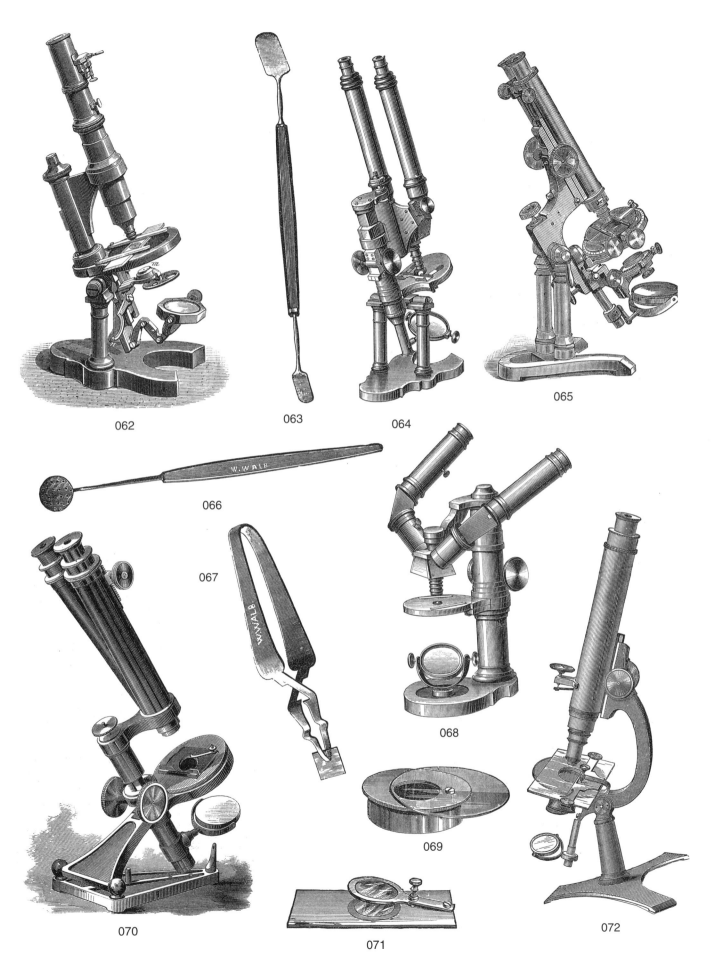

062

063

064

065

066

067

068

069

070

071

072

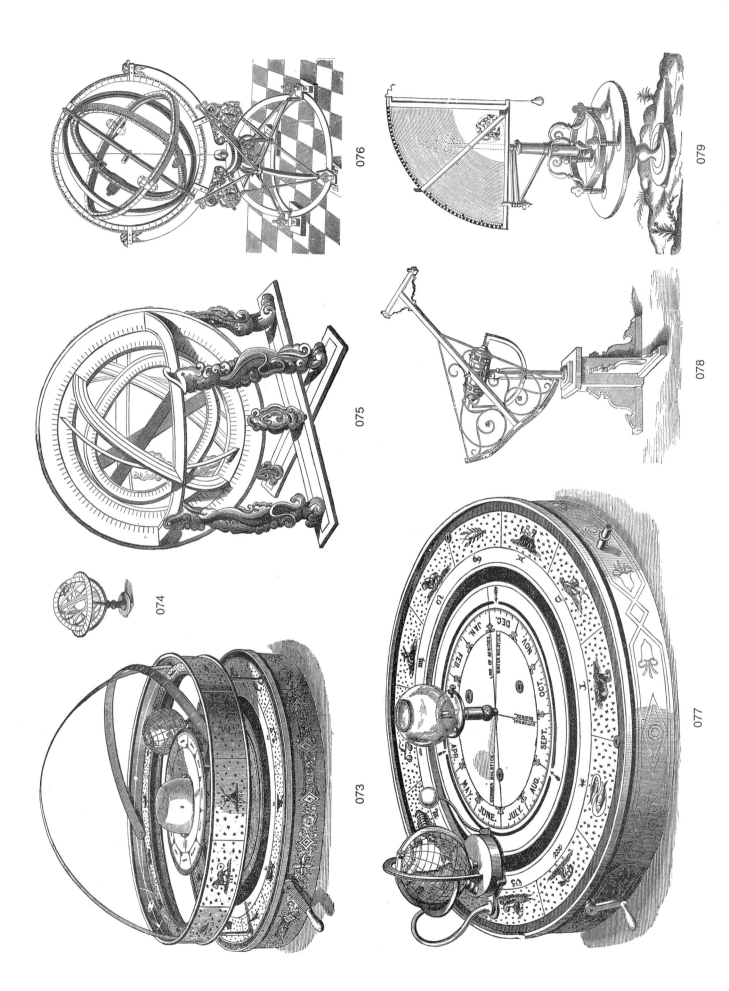

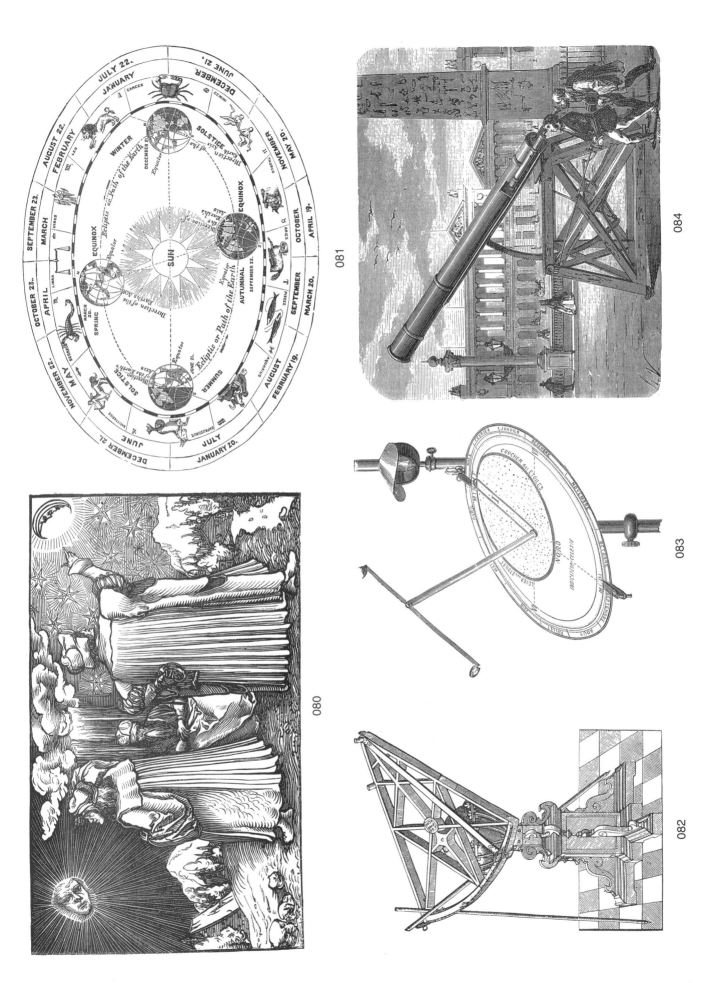

081

084

080

083

082

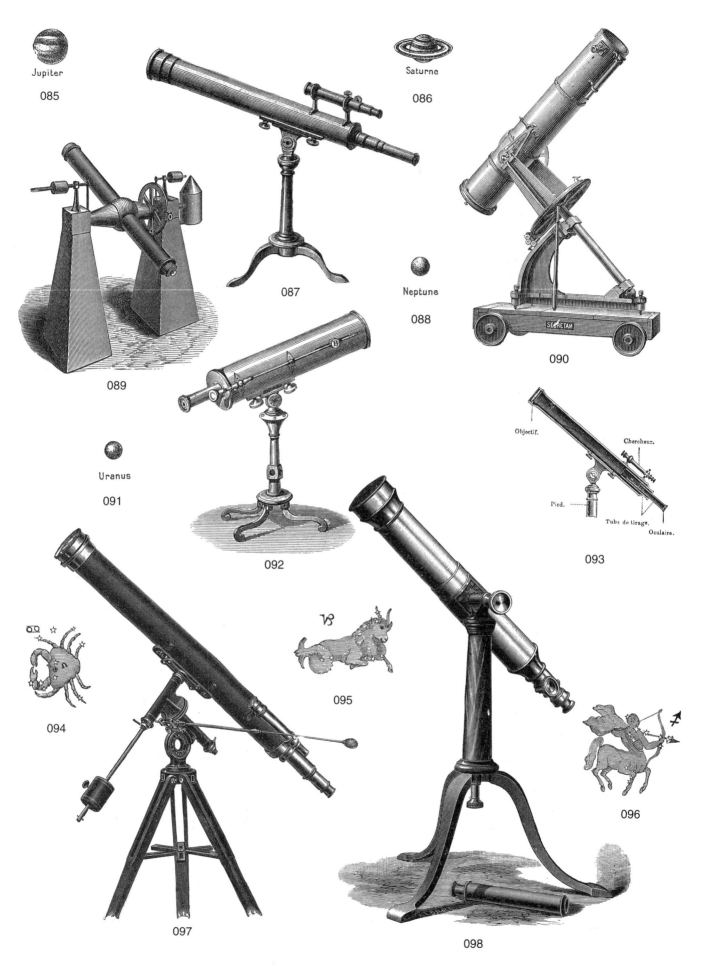

Jupiter

085

Saturne

086

087

Neptune

088

089

090

Uranus

091

092

Objectif.

Chercheur.

Pied.

Tube de tirage.

Oculaire.

093

094

095

096

097

098

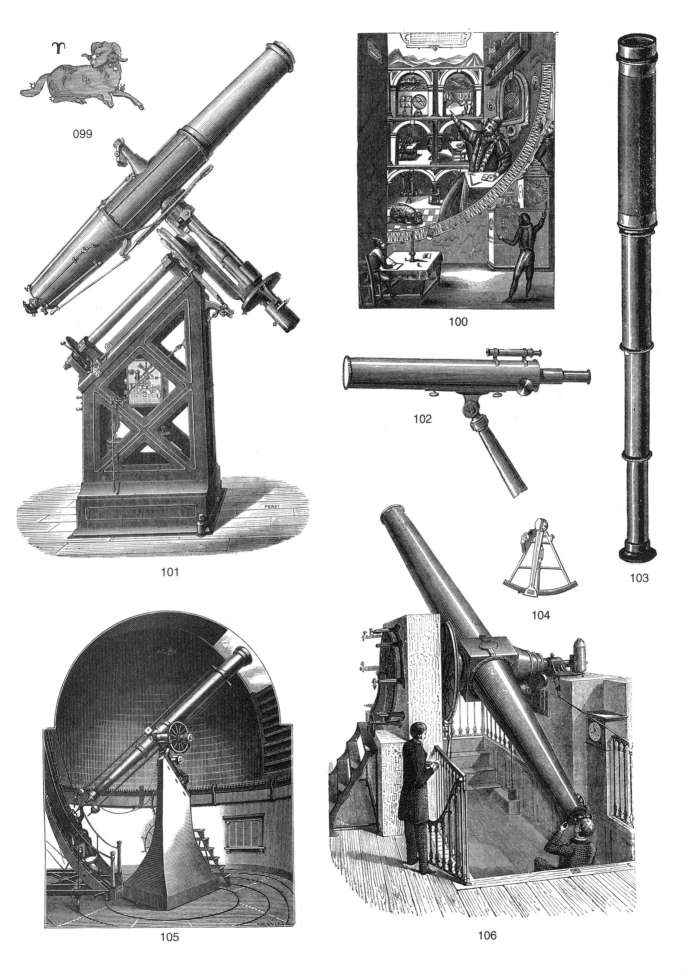

099

100

101

102

103

104

105

106

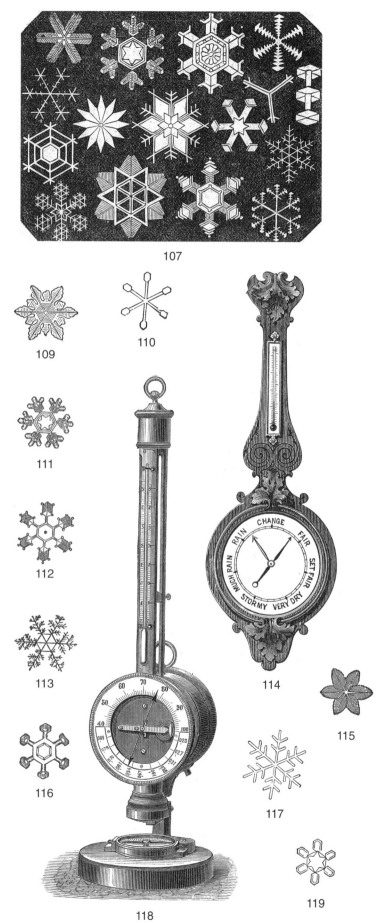

107

109

110

111

112

113

116

114

115

117

119

118

108

120

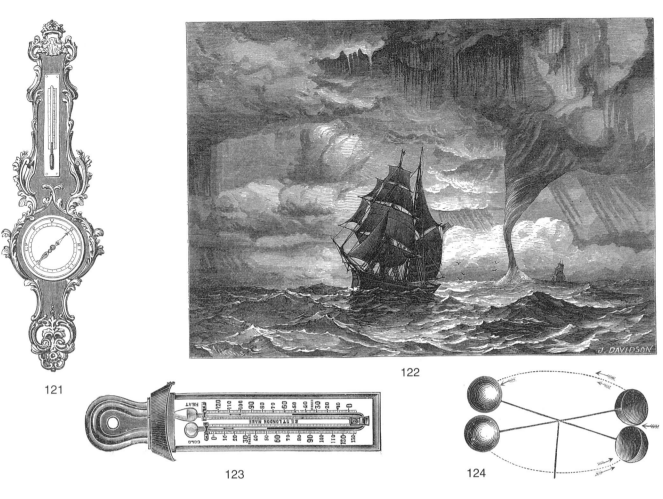

121

122

123

124

125

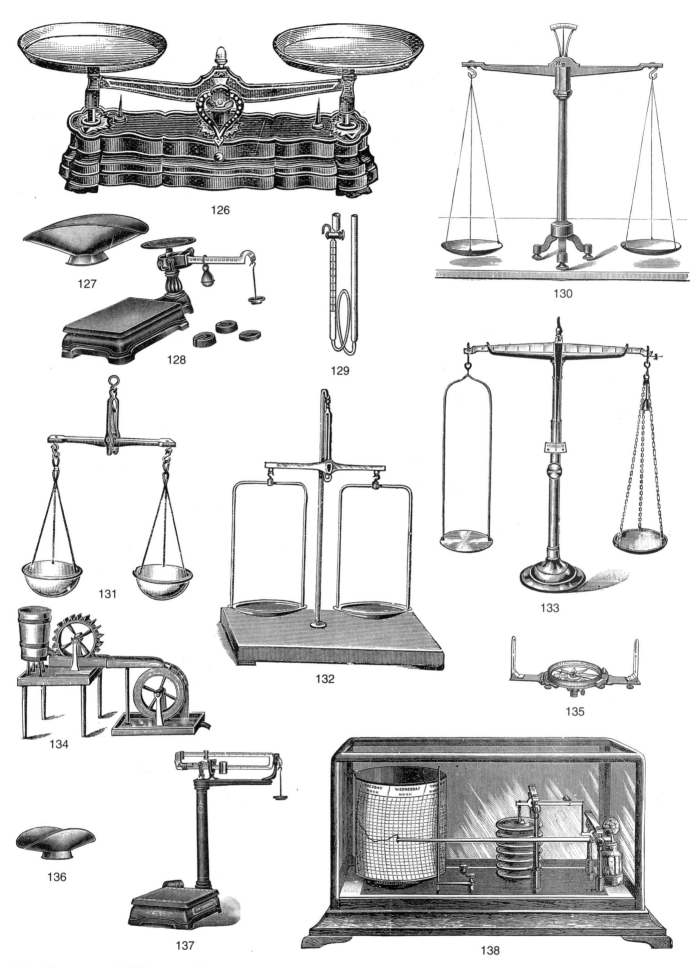

126

127

128

129

130

131

132

133

134

135

136

137

138

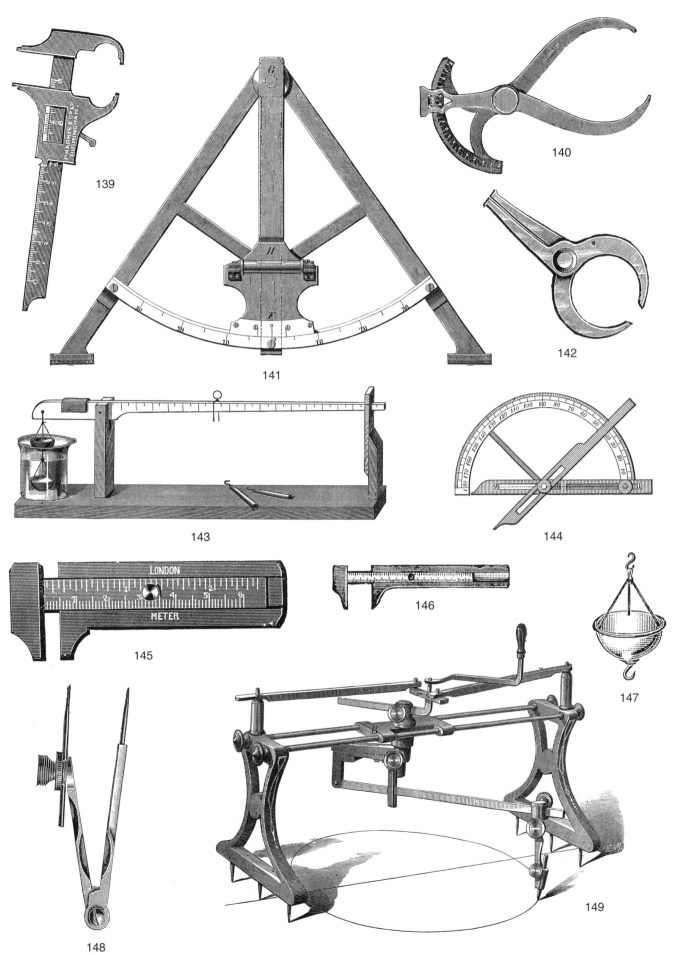

139

140

141

142

143

144

145

146

147

148

149

150

151

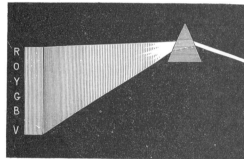

152

153

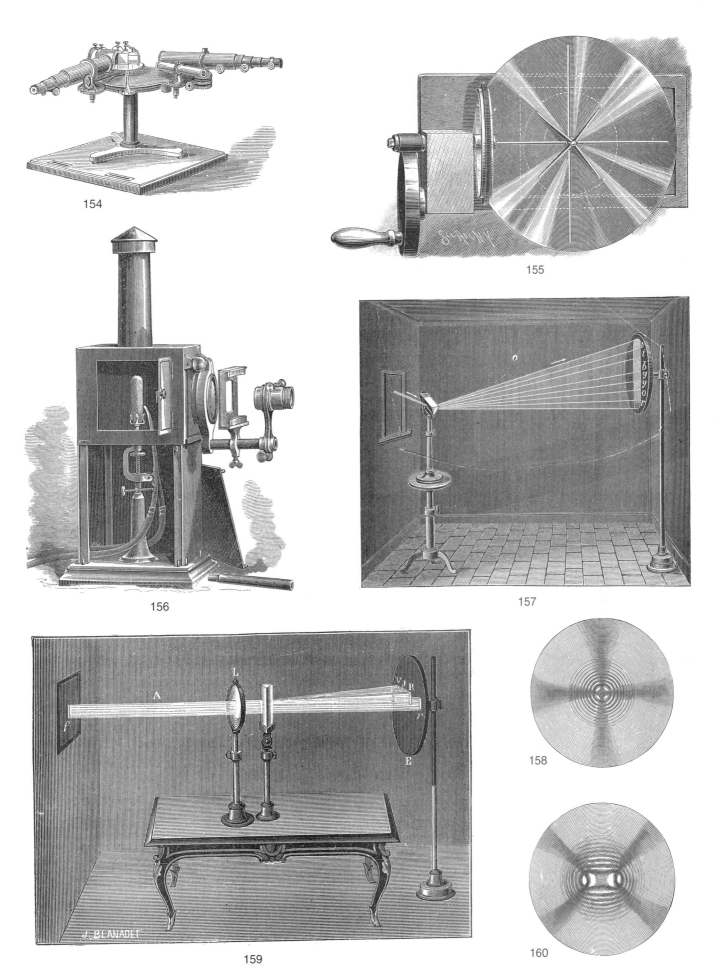

154

155

156

157

158

159

160

J. BLANADET

161

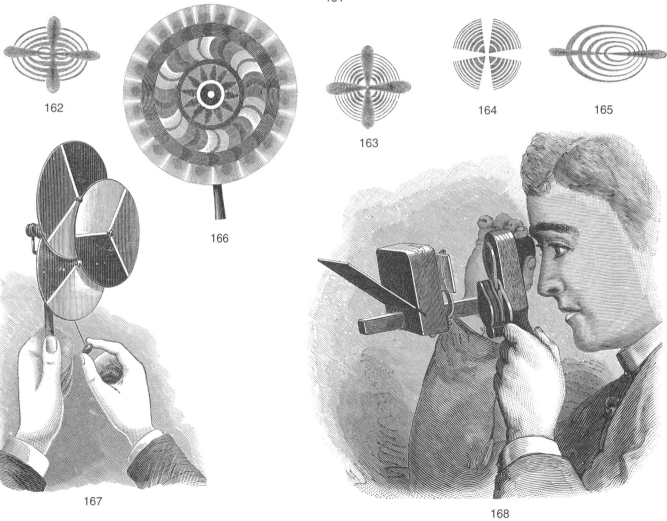

162

163

164

165

166

167

168

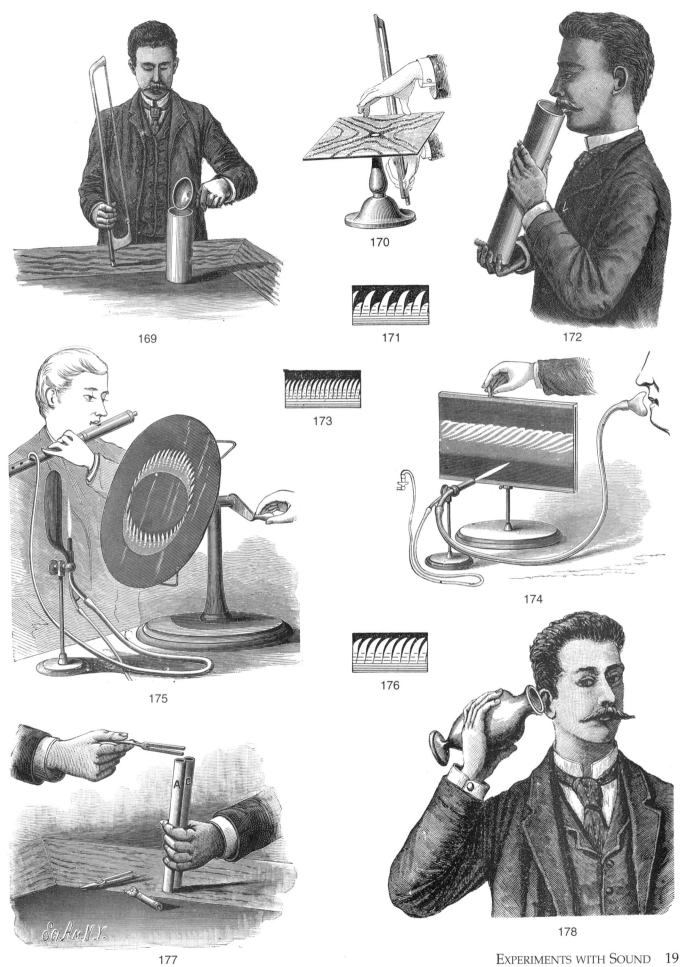

169

170

171

172

173

174

175

176

177

178

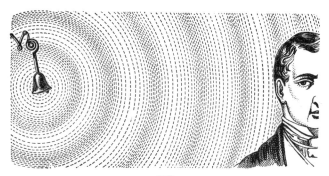

179

180

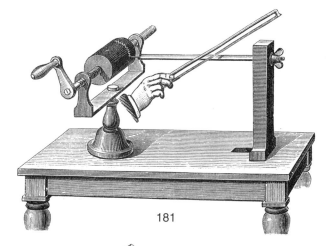

181

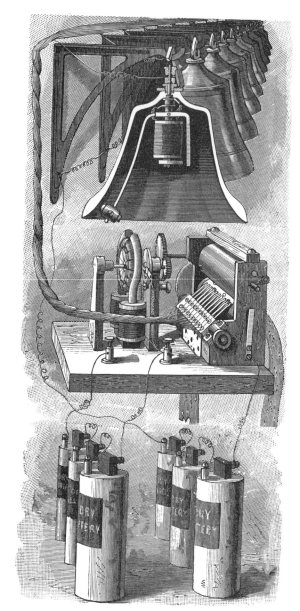

182

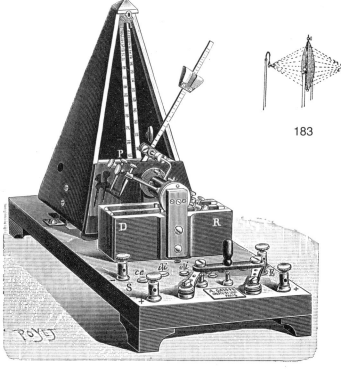

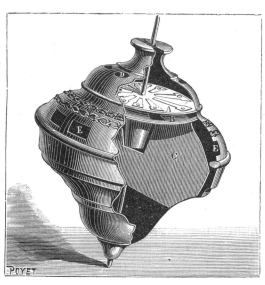

183

184

185

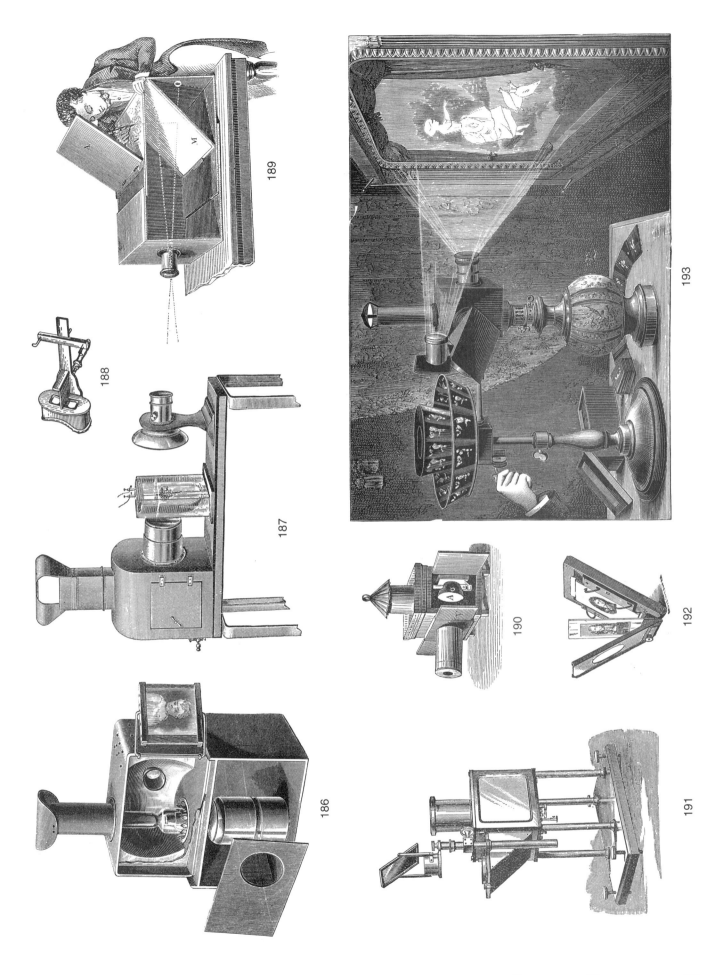

189

188

187

190

192

193

186

191

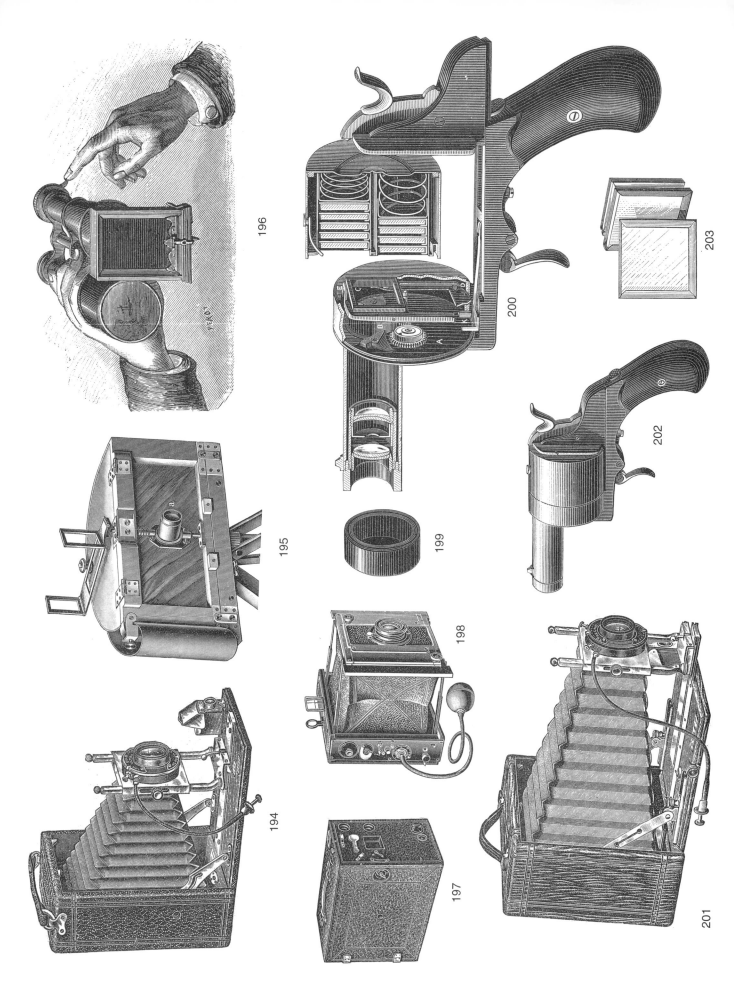

196

203

200

202

195

199

198

194

197

201

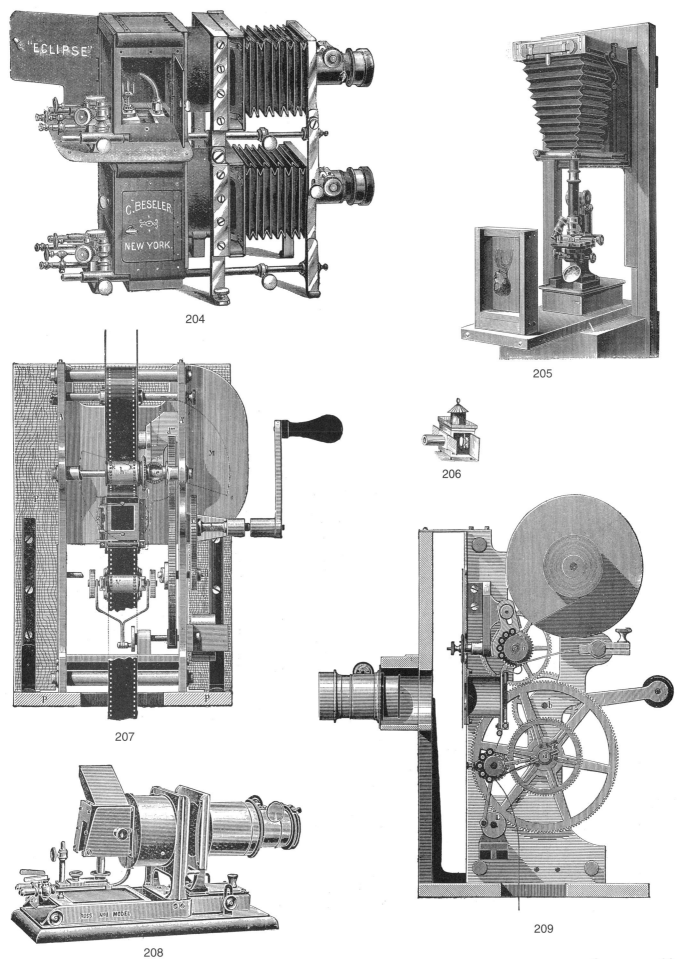

204

205

206

207

208

209

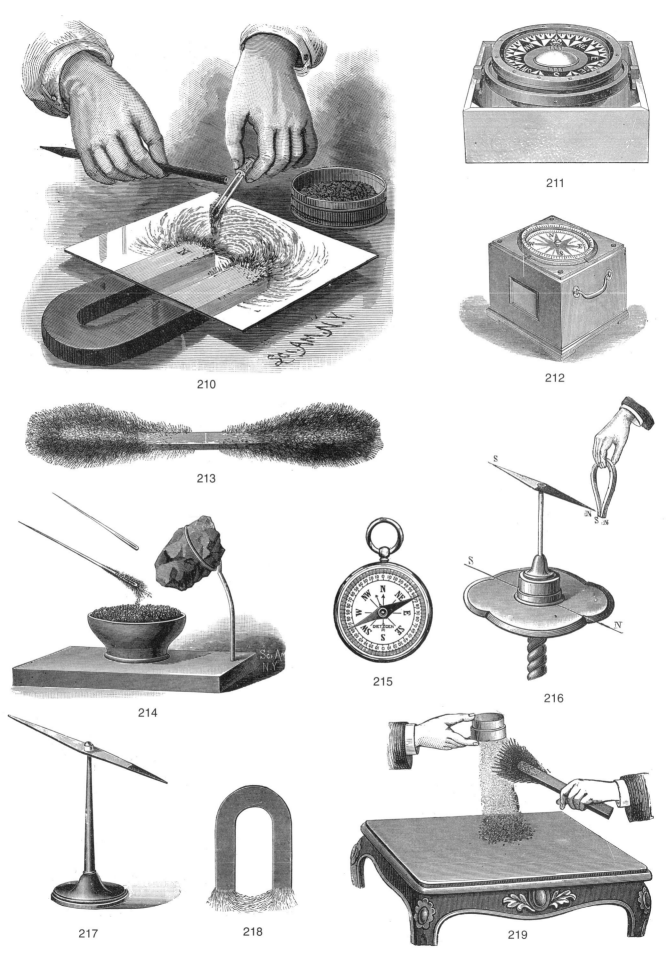

210

211

212

213

214

215

216

217

218

219

220

221

222

223

224

225

226

227

228

229

230

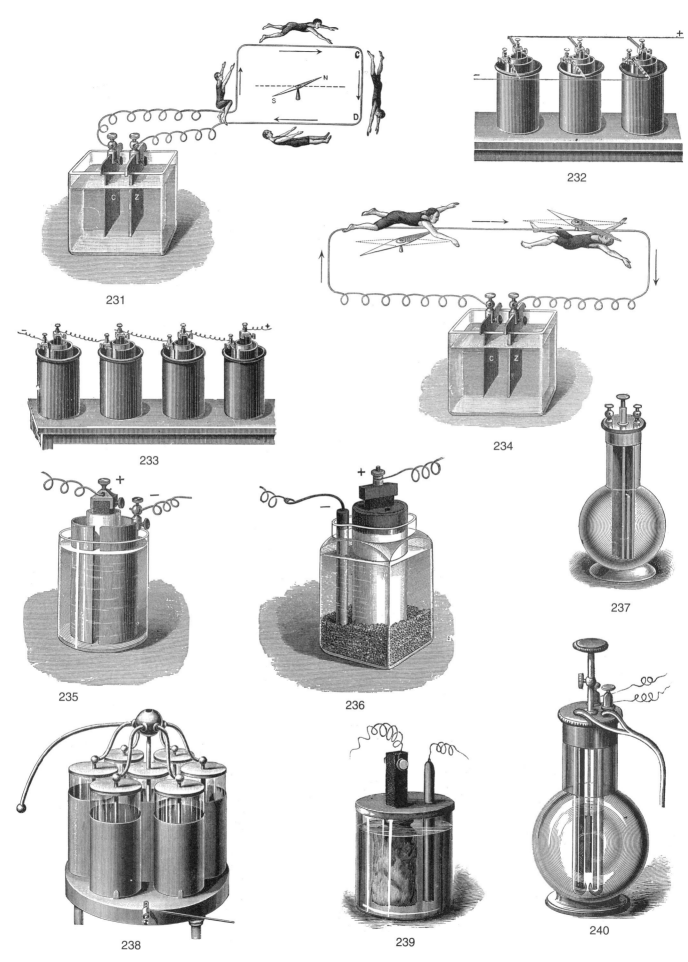

231

232

233

234

235

236

237

238

239

240

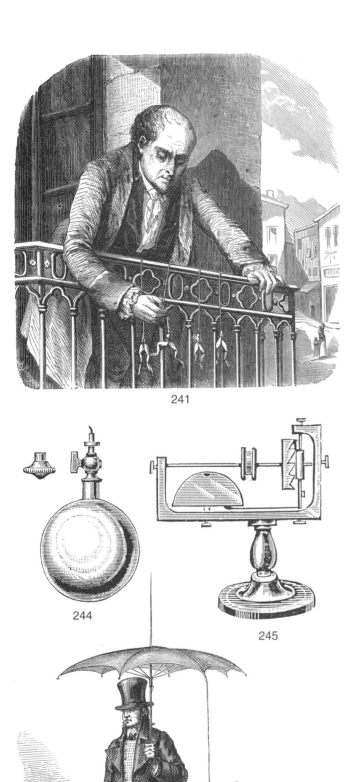

241

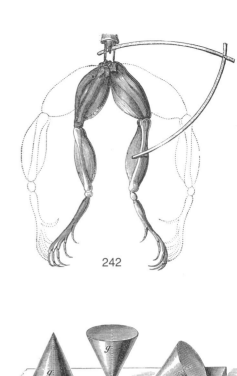

242

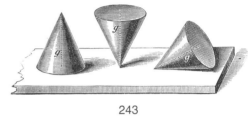

243

244

245

246

247

248

249

250

251

252

253

254

255

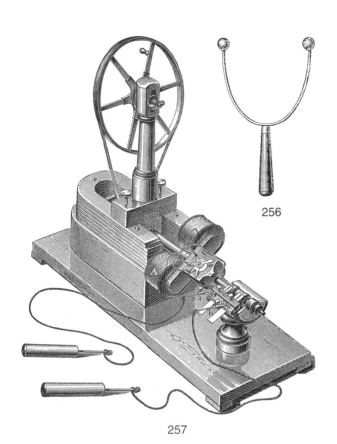

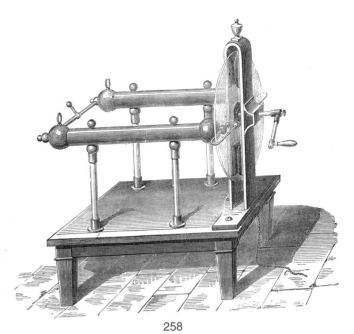

256

258

257

259

260

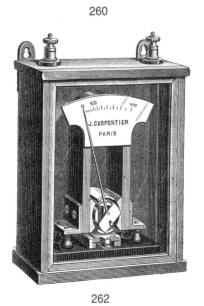

262

261

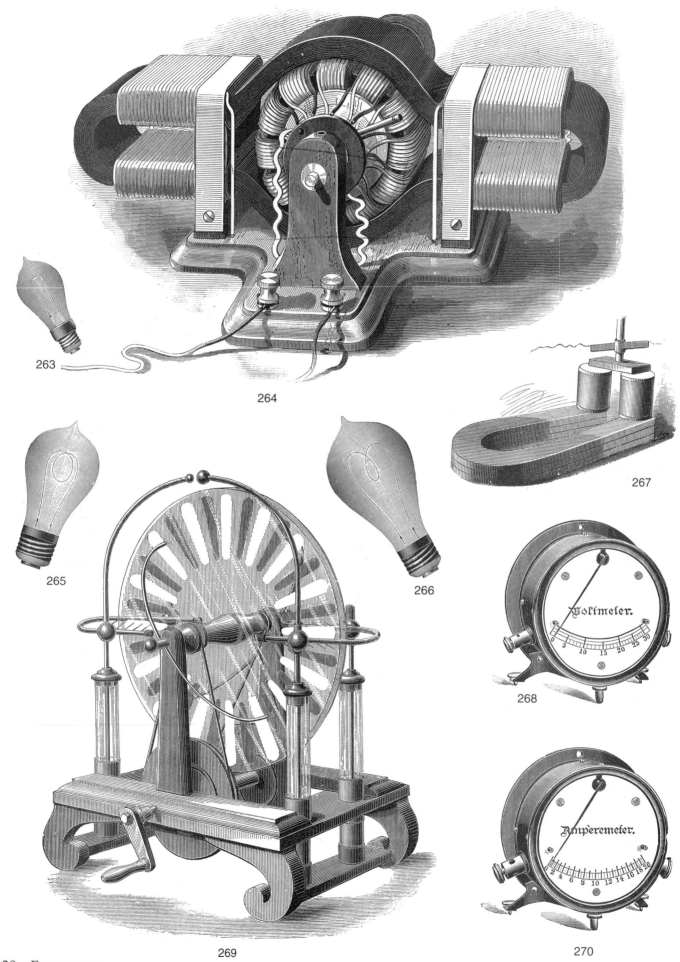

263

264

265

266

267

268

269

270

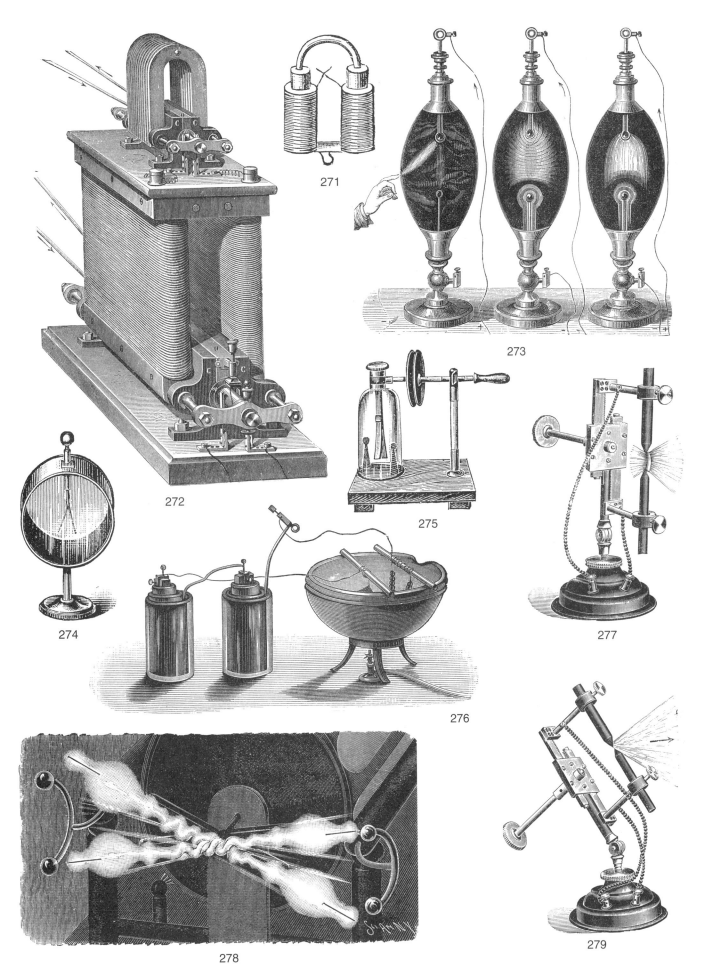

271

273

272

274

275

276

277

278

279

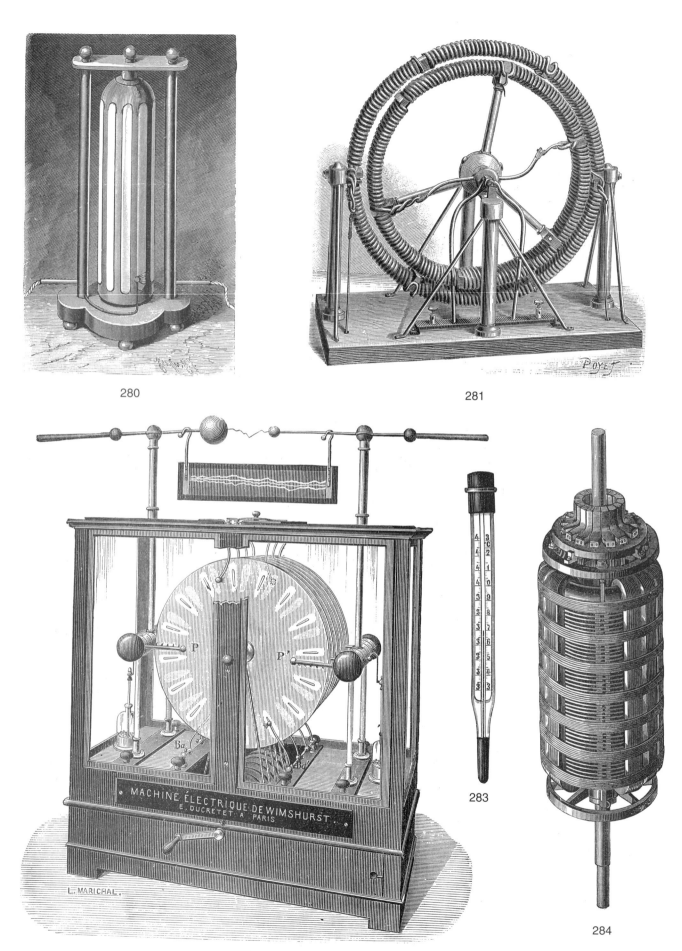

280

281

283

284

MACHINE ÉLECTRIQUE DE WIMSHURST
E. DUCRETET A PARIS

L. MARICHAL.

282

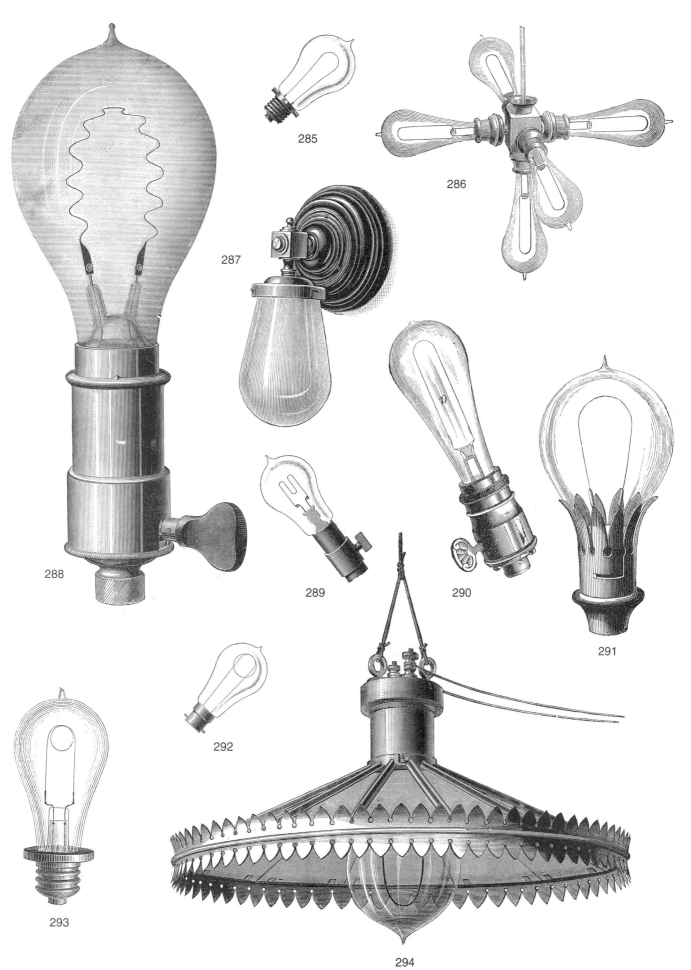

285

286

287

288

289

290

291

292

293

294

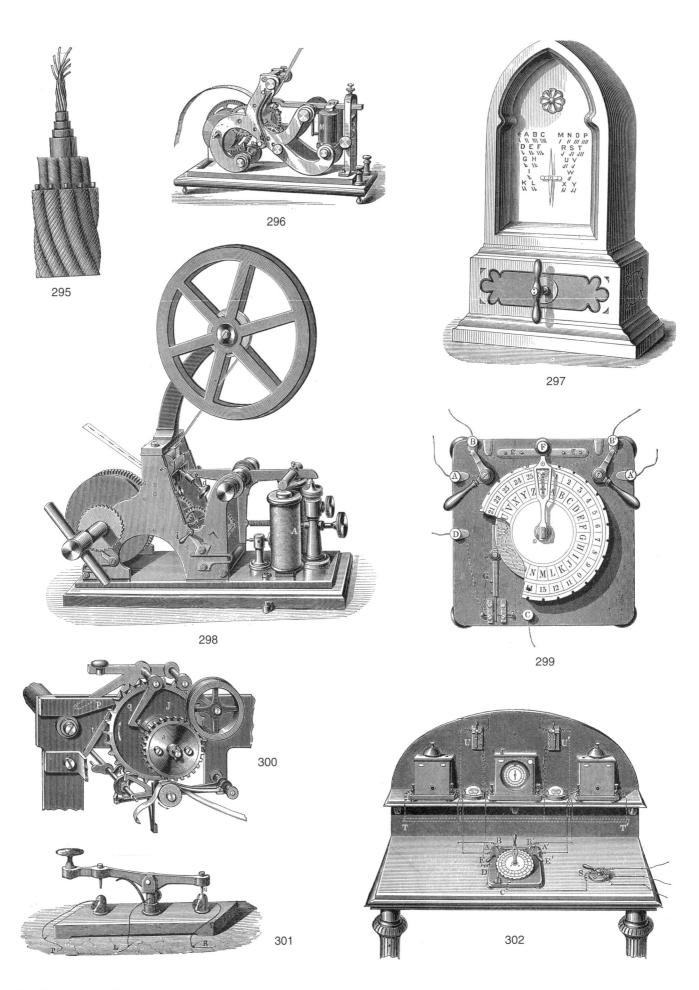

295

296

297

298

299

300

301

302

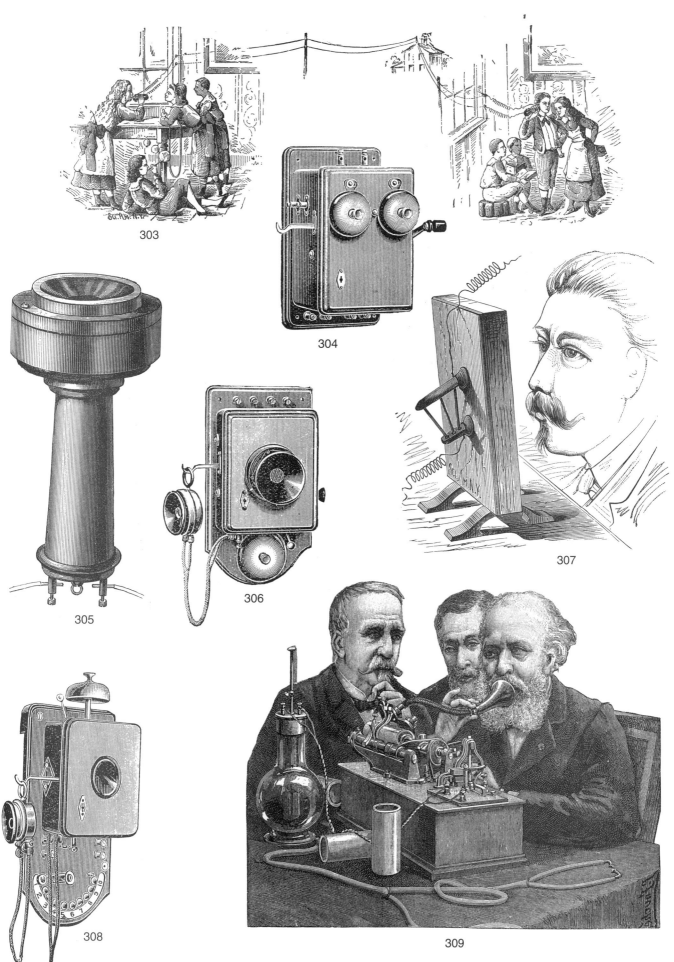

303

304

305

306

307

308

309

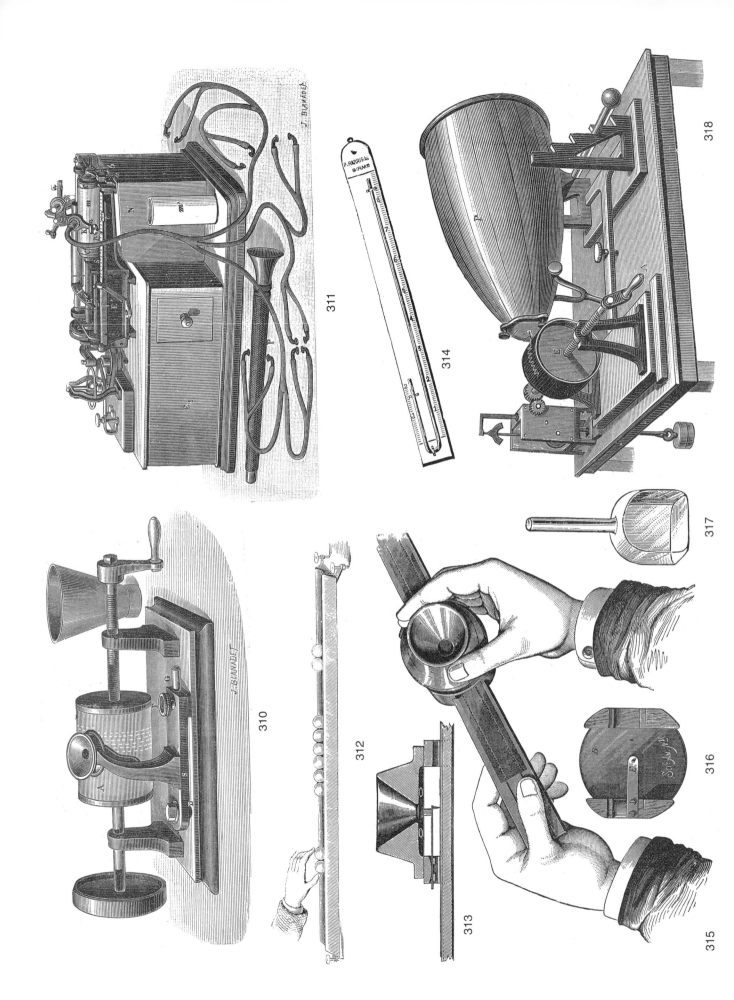

310

311

312

313

314

315

316

317

318

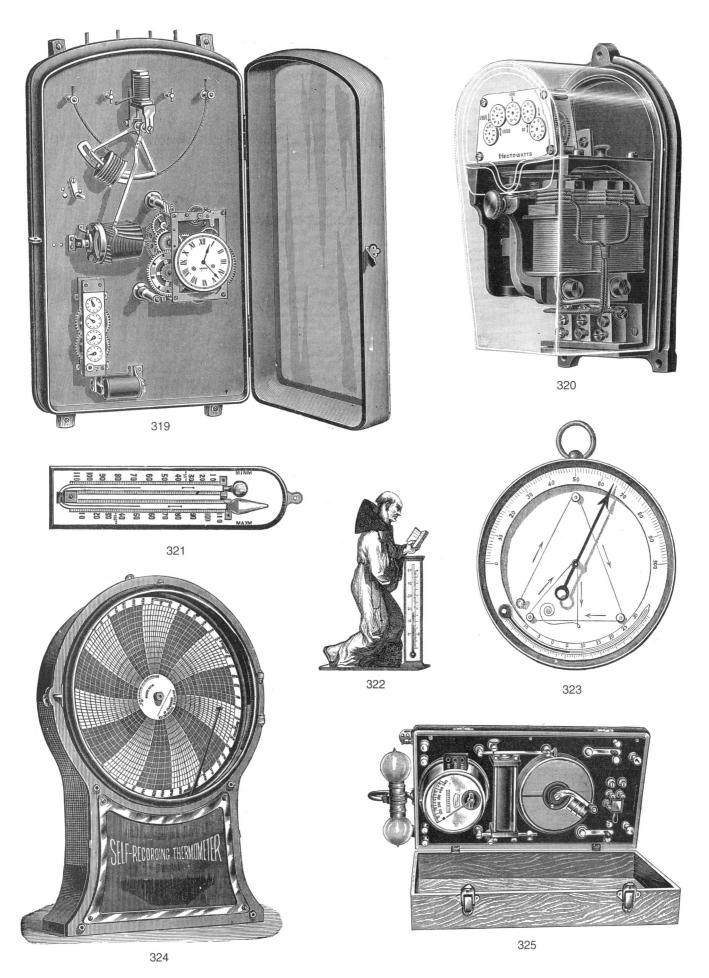

319

320

321

322

323

SELF-RECORDING THERMOMETER

324

325

326

327

328

329

330

331

332

333

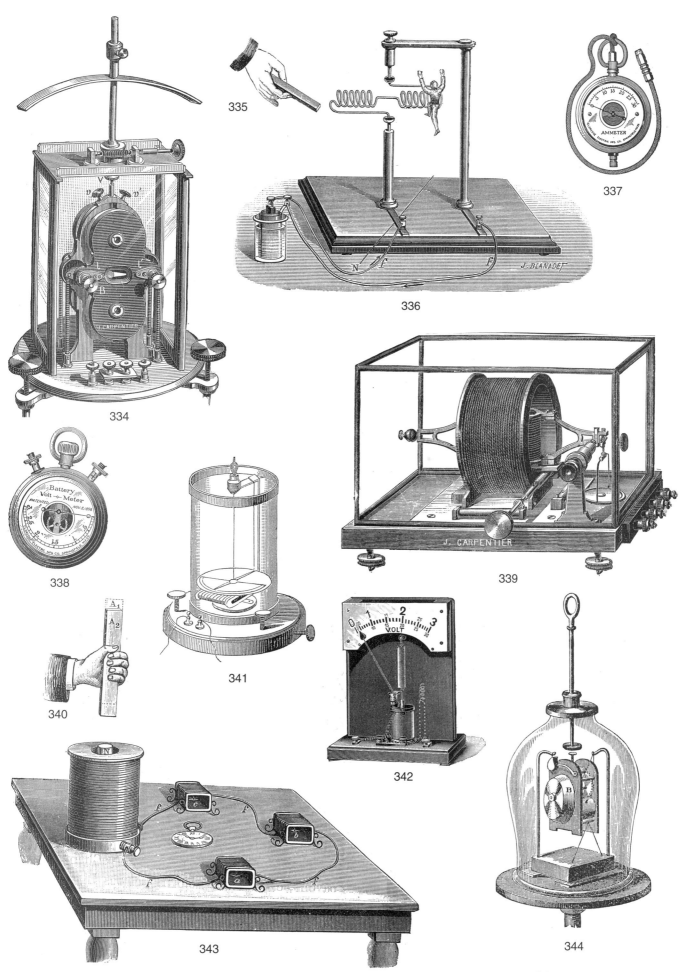

335

337

336

334

338

341

339

340

342

343

344

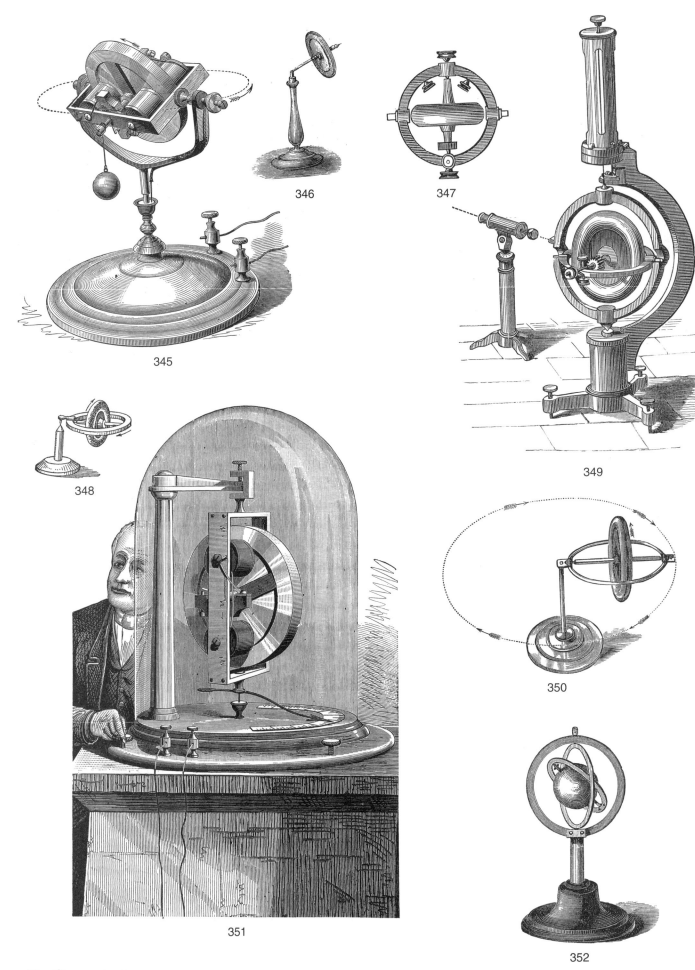

345

346

347

348

349

350

351

352

353

354

355

356

357

358

359

360

361

362

363

364

365

366

367

368

369

370

371

372

373

374

375

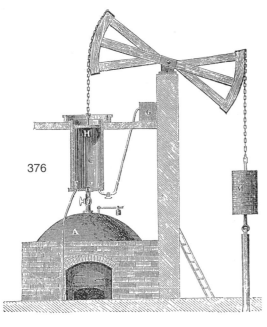

376

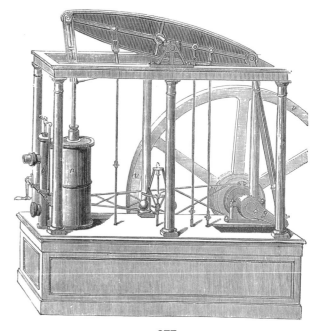

377

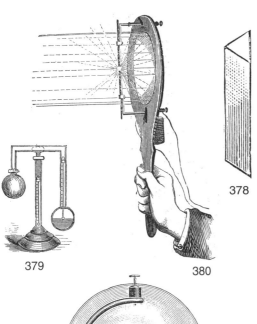

378

379

380

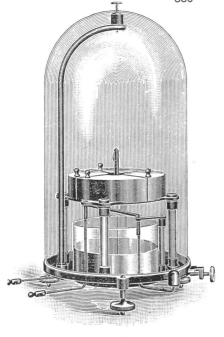

381

382

383

384

385

386

387

388

389

390

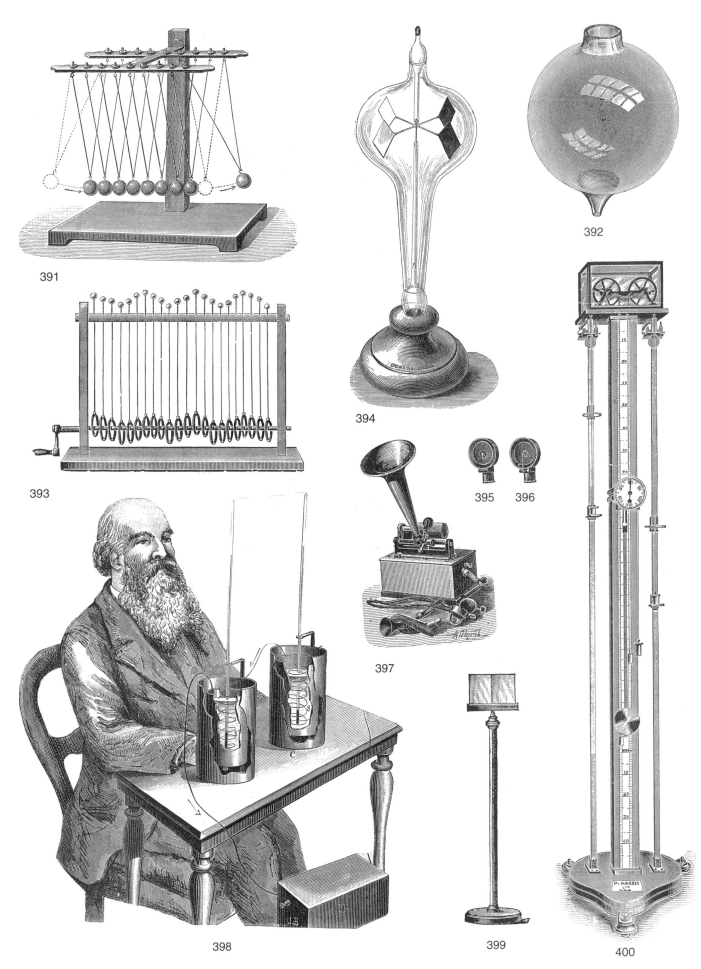

391

392

393

394

395   396

397

398

399

400

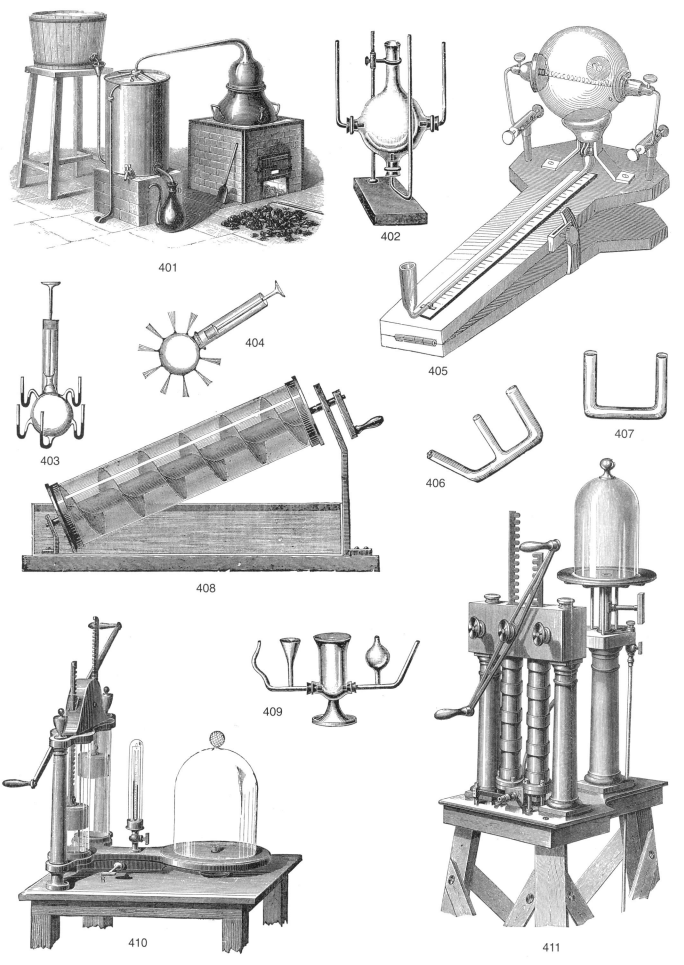

401

402

403

404

405

406

407

408

409

410

411

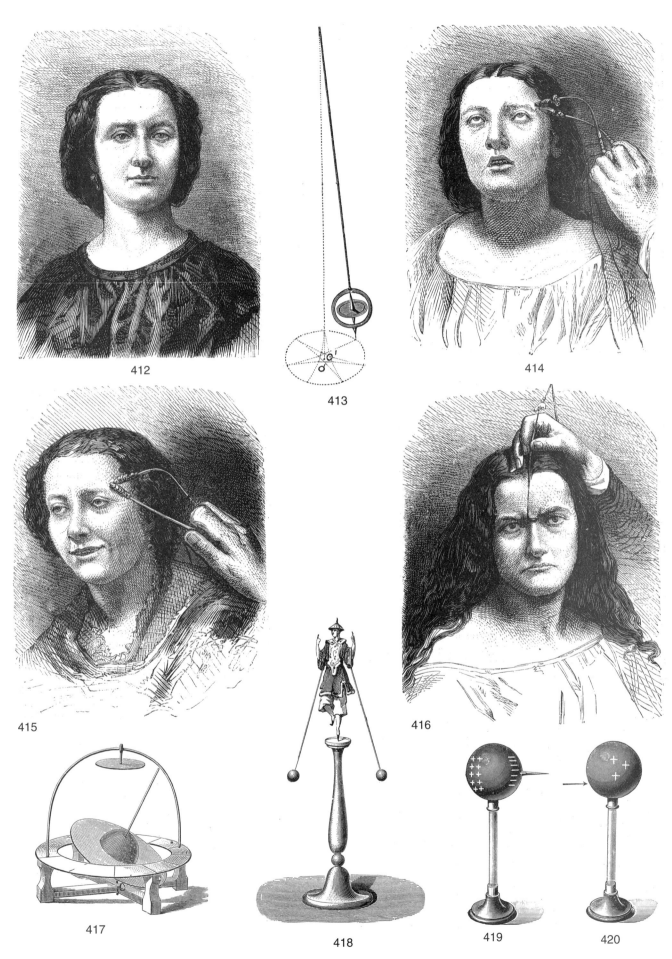

412

413

414

415

416

417

418

419

420

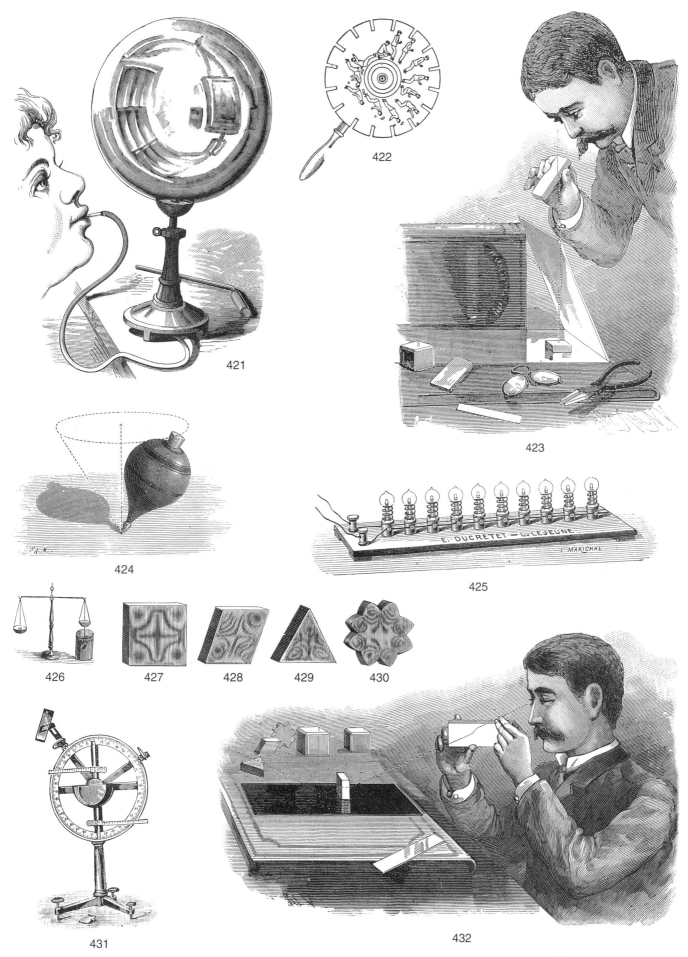

421

422

423

424

425

426 427 428 429 430

431 432

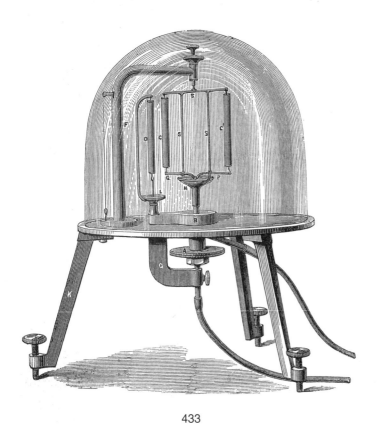

433

434

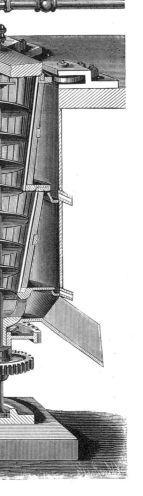

435

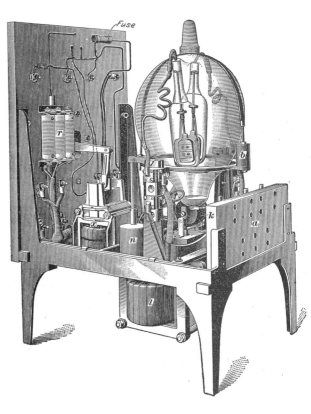

436